BLOODSONGS

Mae Diansangu

Published in 2024 by Tapsalteerie
Tarland, Aberdeenshire
www.tapsalteerie.co.uk

Cover image: Portrait of Billie Holiday, William P Gottlieb

ISBN: 978-1-7384396-3-8

Printed and bound by Imprint Digital, UK

*Tapsalteerie are grateful for the generous assistance of
The Doric Board in the publication of Bloodsongs*

THE
DORIC
BOARD

To Woodside Library (1883–2023)

Black Notes

Coda   / 85

OVERTURE

a
drop
of blood ca
n shatter the e
arth. some blood is
just heavier. louder. to
keep things the right amo
unt of quiet, the world takes th
e noisiest reds and squeezes ev
ery sound from them. rivers of dis
located melodies run back to the an
cestral sea. this is the place whe
re we become something new
to undo an ending. where
birth is a kind of
un

d

r

o

w

n

i

n

g

UN-TELLINGS

Everything is gay (probably)

Winnie the Pooh is a he/him lesbian.

Joan of Arc was executed because
the church declared their non-binary haircut
an affront to God.

Victor Frankenstein is gay
and so is his dead gay son.

Neanderthal communities practised
ethical non-monogamy and were
exclusively bi.

Gandalf the Grey(sexual)
is aromantic.

Hercules is trans

(and so is your gran).

gay jesus

gay jesus

turns	water into buckfast
sucks	the fever from a young boy's blood and
swallows	
serves	
feeds	the children
offers	his flesh so the hungry can
	taste him enter him and live there
queers	the law of nature
sashays	across water
knows	the sanctity of bodily fluids
converts	saliva into salvation
spits	to switch on blind eyes
laughs	when mary [the bestie from bethany]
	tickles his feet with her hair
gets high	off this sacred rebellion: intimacy between
	two reviled bodies

gay jesus

is	a pisces sun aquarius moon scorpio rising
has	daddy issues
kisses	judas back
whispers	*i have waited my whole life for this*
knows	he was purpose-built to be kissed by this man
gladly follows	god's plan along the edge of his tongue

gay jesus

  bleeds   honest wounds that tease the soldier who wants
  to fuck him but kills him instead

  weeps   afraid and unashamed, the patron saint
  of those brutalised by the state

  dies   knowing his sacrifice means nothing
  when his siblings on earth are crucified.

Mary Magdalene

Three days before her 86th birthday,
Mary Magdalene re-writes The Bible.
Dedicated to everyone whose survival
has been criminalised.

She deletes every instance where
black represents suffering and death.
Now, darkness is a symbol
of strength, hope and purity.

The gospel of Mary is frothing
with god slayers and shame eaters.
Saints in leather, whose bodies burn
with the language of rebel angels
cast out for being too proud.

Mary smiles out loud as she drops
the first draft in the last supper
group chat.

Peter is typing...
Simon is typing...
Peter is typing...
Matthew is typing...

Peter: Let's be honest, Mary. Casting you
in the original was just pandering and virtue
signalling. Now you're shitting on the source
material?! This obsessive need to wokify
everything is EMBARRASSING!! PLEASE STOP!

Matthew is still typing.

God has left the chat.

Mary yawns. For decades, these small men
have tried to abridge her, but she remains
a giant of a woman.

She is canon.
She is the source material.

Mary Magdalene sparks a joint
and concludes her gospel:

> *The good news is, we can save ourselves.*
> *The bad news is, we probably won't.*

First came the universe...

In the beginning, there was everything.

At the world's birthday party, the sky
lit the candles on a red velvet cake,
so the darkness could make a wish.

Pandora was there handing out gifts.

Among her party favours:
flightless birds, metaphors, aesthetic
appreciation, forgetfulness, earworms,
cellulite, empathetic pain, orgasms,
the perfect comeback concocted hours
after the argument, post-meal fatigue,
proxy wars, nostalgia, gender
euphoria, novelty, doubt, cancer, the wordless
agreement two people enter while pretending
not to have spotted each other on a busy street,
sugar, faith, the desire to fix things, compromise,
poetry, calcium, secondhand embarrassment,
community, disappointment, pins and needles,
schadenfreude, object permanence, language,
revolution, apples, snakes, ladders,
hope.

Siproites stumbles across Artemis bathing and is transformed

Her nakedness stings my eyes and throat.
My guts grow teeth – if I must, I'll chew
myself up. Spit out what's left at her feet.
How else do I show I'm not a threat?

Downstream, time broadens and slows.
This is where female rage goes to cool off.
A place to reflect and scheme and rejoice.
Wash off the noise of the day.

I know I belong here. The myth of my body
is submerged by a soft and damp ambiguity:
the fluid spaces between Sisters / Lovers /
Hunters / Hunted.

The wind finds my hiding place and whispers
it to her. I wonder if this is where Actaeon stood.
Intrusively male. Moments before his transition
from predator to prey.

There are infinite ways she could un-make
me. Instead of punishing my body, she answers
its prayers. Quiet as moss, she casts my name
into the river. Its boyish sound reconfigures.

Cypress leaves are held against my skin
until I bleed into a new shape. A body that
doesn't chafe against the truth I hold inside.

Medusa

It's nae easy bein seen. Ma skin hums wi tender
purples an greens, tae ken it petrifies these
men tae keek at the victim. Eence upon a myth,
I learnt there's a right wye tae be wronged. Ye hiv
tae tell the bleed tae hud its wheesht. Simmer doon.
Naebdy wints tae hear ye bruise in real time.

But the body I bade in, the een I wiz betrayed in,
jist couldna stop fae hissin wi shame.
So I hid fae the world.

I try an mind fa I wiz afore the isolation. I think
mebbe I'd been bonnie. Or, at least, ma reflection
nivver threatened tae kill me. These days, I canna
even look at masel.

Audrey Hepburn shades tae clathe ma gaze,
I stotter intae The Ootside. There's a puddock
in ma stomach, makkin ma guts aa dubby.
Am feart abdy can see it. A belligerent sun biles
ma dreid. Moltin fear slithers doon ma heid.

The mannie in the salon evangelises his religion.
Welcome tae the Kirk o Self-Care. Roon these
pairts, love isna a monstrous thing. Ye can bottle
it, then annoint yersel. An eence ye've deen that,
ye can love sumdy else.

Fit a fleg I get, tae feel velvet far I thocht
fingertips wid be. The high priest o weelness
de-scales ma loneliness. Matted cantrips are
gently teased oot. A lather o prayers massaged
intae the root.

Fine feed for hungry skin.

The memory o bein touched floods ma een,
sinks the body tae the deepest pairts o
ma dreams –

a place far I am held, a place far I am seen.

Arachne

Peerie-weerie
spider wifey,
her thirsty threid
doukit in bleed
an gold.

Master
wabster
spins
disaster,

silken
stories
aa skreich
in bold.

Callisto
Antiope
Europa
Persephone,

warpelt
Hashtag
MeToo
tapestry.

A dynasty
o survivors
loomin
ower
the
weaver –

fankelt
an curst
fur stitchin
I believe her.

...then came the gods

i.

The very first god
wiz a prehistoric broth.
Lazy an soupy kind.

This glaurie slime
spewed the hale
pantheon,

lang afore the human
gods came.

The first gods were steen
an watter, bacteria
an plasma.

They didna need prayer
tae survive.

Smeddum an sonse
is fit kept them alive.

ii.

Some time efter
the fish god wi leggies
shimmied oot the sea,

The Apple winked at Eve.

It telt her nae tae be feart
o the heid bummer.

Telt her tae bite back.

Her thrapple chockit
wi aa the knowledge
o good an evil,

she kent hoo tae mak
hersel divine.

Humankind is a god factory.
Eence they learnt they were
deities, they couldna stap

turnin aahin intae opportunities
tae worship.

iii.

Eve gied her bairns the faimly recipe
fur immortality.

They were gods belchin oot gods.
Aahin they cried holy wiz a mirror
tae adore their ain image,

jist like Eve's pridefu faither did.

iv.

Eve's brood seen forgot
they hid ony godliness.

Telt themsels they were
dochtless, even though

they bowkit up new gods
aawye –

Money an Slavery,
Royalty an Theocracy.

Thon mortals didna hae
a scoobie fit tae dee
fan the new gods

growed ower muckle
an swallad them hale.

v.

Sotterin in the belly
o their haunmade beasts,
the amnesic, fleshy gods
dreemt up

a crude god.

Coorse an roch. Slick
wi that auld testament
kinda love. Neen o this
namby pamby turn yer chik
so abdy can gie ye a skelp.

His love wiz skimmerin
blackness. Petropatriarchal
darkness hotterin wi holy
hydrocarbons. Young loons
teen swimmin lessons in it.
Learnt tae hud their breath,
an split unner the surface.

The smeekit god sploosht
his muckle want on the wrists,
the thrapple, ahin the lugs.

Slairt his followers
wi his fousome guff.

The finite god's flock
wiz built tae ootlive
him.

Despite ettlin tae die
fur his sin.

BLOODY WOMEN

Janet Wishart, 1597

A mither's body is stitched
thegither ower a lifetime.
Maternity, the heft o it,
weftit intae us fae wir ain birth.
Nae much wunner
we become monsters.
Fit else wid ye cry us?
This misluckit bunch, sutured
an butchered unner a couthie
patriarch's haun.
Life is smaa. Feechie. Rochsome.
Switherin atween the deil ye ken
an the een ye hae still tae meet.
I waddit the evil mair nimmle
on his feet. Auld Nick hud
a life free o drudgery, sappie
an succulent, dreepin wi
sovereignty. Afore I died
fae thirst, I slaikit his haun clean.
Fish an gossip – that wiz a wifey's
main trade, but I trockit fear
on dreich mercat days. Seelent
prayers, spun in the dark,
snowkit efter me. Ruggit the hem
o ma skirts. I bosied them
intae me, gave life tae rank
fantasies. A mither's body
isna hers tae hud ontae.
Eence I brocht their mirksome

wishes tae the fore, the fowk
o the toon burnt the womb
that fed them.
In the thick o the flame
ma creators hiv claimed me.
In deith I am baptised.
Washt in the ruby slunk
o ivry Monster-Wifey.
Lamia, Baobhan Sith, Gorgon, Caoineag –
bleed slochers, bairn snatchers,
mannie killers, bitchsome sinners.
Their deithly reid lullabies
sing me tae the bottom
o hag-shappit wards.
Weemin. Mither. Witch.
Fitiver she fits.

Jean Craig, 1784

i wiz brocht up tae fear god.
this wiz afore the word 'love'
wiz pronoonced like it is
the day – fan we used infinite
fower letter configurations
tae squish sufferin intae.
a righteous path wiz rolled
oot afore me, but i traipsed
efter ambition an pride. the deil
curled up inside ma lug. the wye
she spake aboot love wiz queer.
as if it were summin ye were owed,
that ye could just gie tae yersel.
she telt me, i could mak my ain
happiness – thon weel-dressed
wifeys werena ony better than me.
so i stole a piece o linen tae prove
i could be sumbdy. but ma sweet,
lovin god wis ragin. unworthy
an clarty wi sin, fit else could i dee
but die fur him. this city hiz teeth.
the fowk need tae eat. i feed them
ma bleed, pray it learns their bairns
tae keep fae makkin ill. ma body
will mind them nae tae listen
fan the deil creeps in.
that tae love yersel above
aahin else is a great muckle sin.

Catherine Humphrey, 1830

we are a promise fulfilled:
grown woman and young girl,
whose shared body
is a fixed place in time –
the moment we collide
with jean craig's noose.
as deathly petals blossom
in our chest, deep inside
the flower of this curse,
an itchy heart screams
for blood. we feed the ache
with buckets of crimson,
knowing our crime must be worthy.
this city has teeth. the people
need to eat. if our sins must
feed the hungry, let our sins
be heavy. we have seen
women, politer and slighter
than us, forced by a crabbit
god to split into air. o,
it is a sair fecht to wash
for the gibbet, and yet –
nothing can save flesh
that was forged to be punished.
our body is buckled by
the spectacle of the scaffold.
it collapses in on itself, a universe
compressing into a black hole.
we drag the city inside us.
teeth and all.

The Bloudin o the Bride

Twa bodies thrummin
wi scrievins

aulder than the sum
o their pairts.

The first body canna thole
the second.

Summin wicked in her bleed
cants alang the sweet-lippit

edge o her youth.

Fit wye shid she bide an foost
in this coffin her husband cries
a bed?

Ivry mornin she must slipe aff her sin,
pint her skin slushy shades
o acquiescence.

Onythin tae mak saft the steen
o reproach

beddit in mither's glower.

Nae ower lang fae the chapel,
the bride maks her ma ill –

Can I nae jist leave him
fur a faster bleedit loon?

Ahin lockfast lips, mither bites
a key.

Tae unsneck her destiny,
the bairn must be slee.

If the quine forleets her mannie,
nuthin guid wid come her wye.

She must bide far she is.

Ilka een o the bride's fourteen
years is thrist intae weeminhood.

The quine looks ower her shooder
tae catch a glent o hersel in her mither.

But her ma is a door, nae a mirror.

Mither hiz dreemt up
a scheme –

three tests craftit tae get
the husband's dander up.

If the auld mannie
disna hae it in him
tae look ower her transgressions,

the quine kin tak sheet.

But, if the spleet-new wifey
is cliver, she kin cleek
his forgiveness.

If she diz this, she'll learn
foo tae wald his hert –

the secret tae ony blithesome
couplin,

an ancient wifely cunnin.

The bairnly maiden glaips doon
her ma's advice.

She howks the husband's
maist belovit tree fae the yird.

A dumfoonert groonskeeper
tries tae stint her,

but she huds her future
in her hauns,

taks the blade an slauchters
the innocent rodden.

A new feelin, sweltery an jaggy,
prinkles the skin.

Bones coughin an fusperin.

This body wisna taught
tae hae dominion
ower onythin,

but instinctively kens
fit pouer feels like.

The mannie o the hoose returns,
kens fae the feel o the smeek
fit branches are keepin
the hearth reid.

Smaaness will free the body
fae the hecht o punishment.

She maks hersel as skiddelty
as kin be. Maks him think she

is a daft quine, fa's ainly crime
is glaikitness.

The second test hiz her guts
aa camshacklet.

The master's dug must be kilt.

The quine greets,

gies the beast an affa cloot
tae the heid.

She bosies her deid pal,

hert sair,
but wi'oot shame.

In this game, ye must aywiz
staun ower the neathmaist creatur.

The master finds her seepit wi grief.

His wirds are biylin reid until her tears
slochen his rage.

In the howe o her ill-feelins,
the quine stairts tae smicker,

she hiz learnt tae trade watter
fur clemency.

Een last test. Bleedless an deithless.

The ainly victim is an arrogant table-cloot.

A fine supper is laid oot fur the fattest heids
o the land,

assigned important at birth.

The novice wifey sclices the mirth
aff their faces wi a great muckle brattle.

Platters an crystal tummel
tae the grund.

The hale feast, noo a hashery
at their feet,

aa because this gypit quine drappit a fork.

A bleesterin fury dings doon.

Coorse words claut at the bride's skin,
riven up ony chunce o forgiveness.

The quine hiz tae lauch at this;

nippin the life o a gentle, lovin beast
wisna eneuch tae cast her oot,

but tae suddle the table-cloot
afore weel-feckit gents –

this ill-deein needs her tae repent.

The husband's punishment is decreed,

his compensation peyed in bleed.

The sklyte o a ballad purples aginst

the mither's regret.

The refrain maks saft the steen o reproach

beddit in her glower –

Oh mither, full o woe is me,

fur I am deid as ye can see;

nae bleed, nae sicht,

nae mair can I spik.

O mither, fit wye hiv ye misguidit me?

INTERLUDE

A drop of song reddens the mouth of the world. Death rolls off the tongue, becomes another name given to the newest form you've taken.

THE SHAPE OF LOVE

Parrallelogram – Part One: a definition

Here and Now

parallelogram *noun.* a short message, delivered across alternate timelines, between a sender and recipient who are separated by the choices they did or did not make

What If

What If

Gender fluids

Am nae

really

on

a

spectrum,

so much

as

am

clatchin

aboot

a

slidderie

gloop.

I

dream

rivers

far ma een

should be,

maks it easier

tae see

ma body's

ebb

an

flow.

I

hyst

the

tide

ower

ma

heid,

play

hide

an

keek

wi

masel.

A

hankerin

tae be

kent
braks the

surface –

aa

ma

spleeterins,

swyte,

spit

an tears,

cairry me

in

their
DNA;

ging

oot

an

weet

the

warld

wi

me.

Puddock spittins

I hiv carved oot a bed
atween blades o green.
Come awa, ma quiney,
weet the grass a filey.

Unfurrel yersel aneath tongues
o flooers; eens that blether
wi beasties, an dirl fan we pour
wirsels intae een anither,
the twa o us thegither –

ill-trickit an a wee bitty drookit.

The swyte fae wir dreams dreeps
ontae the earth, soakin
the fields like puddock spittins.

A shoogly sun braks ower wir bodies,
crackin open auld stories festerin
in wir bones. We bleed
oot aa wir beginnins.
This land wiv baptised is infinitie.
A gift tae us.
Glaikit an mockit, we gie wirsels
back tae it.

Colourblandness

I can't taste the sunrise

anymore. Yellow turns to grey

in my mouth. The memory of you

bleaches my tongue.

Terracotta has no spice,

lilac is unsalted rice.

I have lost my sense of colour.

I remember the morning

we invented turquoise.

Joni was singing about a

blue boy while you spoonfed me secrets.

Between scarlet mouthfuls, I let you into

my past. You said this was the last time.

Fake gold had greened my fingers.

You kissed them, then slipped inside

me, up to where your ring should be.

I lick the pigment from this

memory, hoping to jog my

tastebuds. But,

nothing comes.

Tae dee list at the end o the warld

I'll hae tae faa in love,
but tubercular skies
smorin wi bombs
cough ontae bairns
an their pet birds.

I'll hae tae sink
intae the swell
o her ecstacy,
but there's an ocean
ootside o me that
bloats an chokes.

I'll hae tae kiss
ma wye oot o loneliness,
but prejudice is a socially
transmitted disease.

At the end o the warld,
I'll hae tae faa in love.
The een thing I kin mak,
that winna turn tae cack.

Stars

The thing aboot stars is, they da gie a fuck aboot us.

Fan I look up, I da feel onythin. An am sure they

look doon, cauld an nae carin. I've bin telt mony times

we're fae the same stuff:

the dust fae the birth o the earth rusts in ma bleed –

but it's hard tae believe in a shared ancestry.

Fur aa ma star-spreckelt DNA, I'm a terrestrial numpty.

Nae celestial body his iver made a wish on me.

The stars are een thing.

                                        You are anither.

                        You.

            Sonsie

an

meaty.

Corporeal,

beauty.
earthbound

You,

f a

m d
a   e   m e

u
b r
n
like

Polaris,

fan

you

made

me

come

true.

Steidfast.   H
                    a r
                       d.

Muse

First aff, am thinkin it's a UTI
or some kidney thingmy.
The sudden urge tae pish,
a gush o hot knives rushin
oot ma body. Fever twistin
aboot ma veins. Hunners
o shivers. Chills that blast
icy fractals alang the connective
tissue, rippin up the bone.
It disna feel like sumdy wakkin
ower ma grave, as much as
it's like some bam hiz sneaked
intae ma unmade bed
an started to greet unner
the covers. Twa pleuks
materialise on ma thighs.
Fan the doctor gies them
a prod, I let oot an involuntary
rhymin couplet. She asks,
hiv I recently come intae contact
wi onybdy fa identifies as a poet?
Am nae a total glaik. Of course,
ma mither warned me aboot poets.
Thon moon-shrinkers fa mak
the intangible smaa enough
an real enough tae fit intil yer palm.

Tae ken een is dangerous, but
tae shag een is suicide. As seen
as ye let een inside, ye stop bein
a real person built fae flesh an feelins.
Ye start tae grow metaphors far
reasonable thoughts should be.
Eventually, ye become mair
allegorical than anatomical.
I phone in sick tae work
wi migraines an clouds
o existential dreid. I canna spik
fur the hefty dose o symbolism
wrestlin wi thunder atween
ma tonsils. I start tae fade awa.
I ken exactly fa infected me.
I hid really loved him, an aa –
the tea leaf fit plagiarised
ma body an versified me.
At the very least, I hid winted
tae love him. So I let him sook
the secrets oot fae ahin ma een,
an poke aboot the un-spent wishes
unner ma ribs. Fit he did wisna love.
His ego wis peckish, so he snifft oot
applause tae fatten it. Fan he reads
the poem far ma body used tae be,
it maks him look mair interestin. Good

fur him, but I hiv bin un-made. De-
personified. Aa the sinew an tissue
I dragged intae the world wi me –
rearranged intae black an white.
An the only wye I'll go on livin,
is through his interpretation.
So let this be a warnin:

dinna feed the poets.

fixer upper

turns oot he's got potential
(suspectit; as yet undiagnosed)
embryonic thirty-somethin
breemin tae blossom
intae a handsome possiblity

reality blindness binds this union
severe wither warnins ignored
reid flags blatter her shoreline

'It's probably fine' –

the words lose their stick
fan they're wheeched
aff an re-plastered
ower the gaps

pechin fae chasin the lack,
her hert gets slack
an skites across the fleer

stuck at the border atween
Nearly There an Jist A Bitty Mair,
the dimensions o love are unmet,

fan potential is a deficit.

Parallelogram – Part Two:
love letter tae the bairn I'll nivver cairry

DAYS LIKE THIS MAK MI THINK IT'S JIST AS WEEL YE'R NAE HERE –(STOP)– DAYS FAN AM FEART TAE UNSTICK MASEL FAE SHEETS CLAGGIT WI DREID –(STOP)– AM STILL LEARNIN TAE FEED MA AIN HERT –(STOP)– WE BAITH WID STARVE –(STOP)– BUT YER ABSENCE ISNA A VACUUM –(STOP)– AV PLINTY ROOMS TAE FILL –(STOP)– A LOVE BY OMISSION –(STOP)– YOU GIED ME PERMISSION TAE CHOOSE MASEL AFORE AAHIN ELSE –(STOP)–

Fit's a nephew, fan it's at hame?

Scrat intae the bleed o ma faither's fowk

is the skyrie-tonguit leid o ma faither's fowk.

Een glisk o thon wirds birstlin unner the skin,

an ye'll ken fit it means tae these fowk tae be kin.

Fit wye wid they cry een o their ain *cousin*?

A wird fair flinrichen an ower wanshappan,

it ca hud the wecht o aa the bodies

they cry siblin.

Efter aa, yer mither's brither's bairn

is yer brither, an aa.

Fan my bleed is scrieved in inglish,

it spells oot:

       bairnless

Ma faither's fowk ken this isna true.

They dinna hae nephews.

Jist sons, cairrit an drappit

by some ither sisterly body.

A guid lang filey afore I wiz able tae spik,

a clamjamfry o wirds gaithirt,

 ill trickit, an they hirpled alang

Congolese tongues.

Lexical invaders sint tae howk

a culture fae unsuspectin moos.

Bruisit lippit loons an quines

expectit tae spik whitely,

wi shilpit an scanty wirds

fit unspelt the faimly

tree.

But, fur aa that –

scrat intae the bleed o ma faither's fowk,

is the thrawn-tonguit leid o ma faither's fowk.

Ower muckle linguistic interficherin

canna stap the reid fae ettlin

tae be heard.

Een drap spiks looder,

than ony single wird.

This is how we live

found poem constructed from words written by Andrew Battel in 'The Strange Adventures of Andrew Battell of Leigh, in Angola and the Adjoining Regions'

this is how we live –

storms gather in our mouth,
rivers of wild birds rush in our blood.

our heart is purged of language.

buried in the middle of our pleasure,
we find fresh sky.

we are alive.

our body makes war against hollow words
like 'man' and 'woman'.

this is how we love –

we treasure boy-girls embroidered
with grains of gold.

they are honoured by our hands,

we dress their hair in beads and shells,
feed them the fruit of the palm,

hang love about their necks.

they are our children.

not sons, not daughters.

pieces of hot moon scraped into water
and carved into flesh.

this is how we die –

an abundance of crocodiles dressed like men,
beastly in their living.

their teeth lie, cut the truth from our body.
our new shape is a heavy and bloody
spectacle.

this is how we live –

we are as real and as free as rainfall.

buried in the middle of our death,

we find fresh sky.

even in death, we are alive.

as long as any of our kindred are living,
we will always live within them.

BLACK NOTES

preface

i am two years old when they
murder stephen lawrence

in the land before memory,
the six o'clock news
feeds me

       Black Death

  to cut my baby teeth on

long before i learn
the colour of my skin,
it is bathed in
blue light
        buzzing with

heavy truths:

Bright Black Things
are built to shine,
but aren't always
built to last

a man was lynched yesterday

Golden shovel after 'Strange Fruit', written and composed by Abel Meeropol

his death travels 4000 miles to rage with us **here** /
ignorance swells tongues / it **is**
thicker than blood / harder to scrub out / **a**
man was lynched by police yesterday / and we talk and talk about **fruit** /
we argue that it's just one apple / we argue that it's the whole barrel / **for**
those of us, whose blood is sharp with the anxiety that chews up **the**
Black Body / our cynicism **crows** /
'where were you before?' / 'why are you listening **to**
us now?' / we forget to be grateful, when thousands of white people **pluck**
up the courage / to share Black Suffering™, **for**
mass consumption / we struggle to remember / ever collectively feasting on **the**
white body's last breath / don't see any disrespect retweeting Black Death / **rain**-
making deaths, like trayvon and tamir, flooded streets with grief / only **to**
dry up in the mouths of the judge / but i have never seen storms of people **gather**
/ like they do **for**
george floyd / we are calling this **the**
catalyst / a change is going to come / the answer is seething in the **wind**:

/ if Black Lives don't matter / Black Deaths will sow martyrs / and we are here **to**
reap / we sharpen our scythes and **suck**
our teeth / a man has been lynched every yesterday **for**
centuries / is this the sound of **the**

bough before it breaks? / the last breath we take before we reclaim a **sun** /
that was never built to burn strange fruit / we want so hard **to**
believe that Normal is a peaceful country we can return to / but the routine of **rot**
and rage warps the everyday / makes us refugees of a place we've never seen / **for**
the internally displaced, hope can be a treacherous thing / **the**
message that swings from the **trees** /
maybe this time will be different / threatens **to**
quench a thirst for justice / i have heard too many names **drop,**
heavy, like premature plums / but still, you defend the soil **here** /
because to admit its toxicity / **is**
to acknowledge our complicity / **a**
man's death traveled 4000 miles to a **strange**
land / we fed, clothed and watered it / **and**
couldn't recognise what we harvested / from our own **bitter**

crop

why i'm no longer talking to white journalists
about race

radio scotland phones me
to ask if i'll talk about
george floyd's funeral,
when the living are
driving home from work.

i decline.

i can tell them how it feels
when people are surprised
that my palms are so much
lighter than the backs of my hands.

how a curiosity so sharp and white,
can cut and burn.

but i don't have anything to say
about a funeral i never went to,
for a man i never met.

this poem was written on what would have been
anthony walker's 34th birthday

i.

the media is a scalpel.
cold and precise,
it detaches your skin

fastidious hands
unpick a patchwork
quilt of melanin –

the stories it has carried
for years laid bare when,

suddenly,

everyone wants to hear your flesh sing.

21 years after macpherson and his report

15 years after jean charles de menezes was shot

9 years after tottenham burned with grief

5 years after sheku bayoh couldn't breathe

3 years after grenfell coughed up clouds of smoke

2 years after the windrush scandal broke

1 year after we elect a prime minister,

who says the problem with africa

is that we aren't in charge anymore

and people will ask if you think the uk is racist.

As if this most basic of questions gets to the bottom of anything.

ii.

their first mistake:

assuming a definition of racism is entirely subjective. there's simply no objective way to identify it. no diagnostic criteria. a symptomless killer.

their second mistake:

worshipping binaries. Black or White / One or The Other. people of no colour need to know if something *is* or *isn't*. there is a box labelled **RACIST** and you will have to squeeze people inside it for the sake of a soundbite. by this point, we should all know what racism smells like. but when someone's mouth and deeds reek of it, we waste time debating the existence of a racist bone in their body – as if racism were an essential quality you either have or don't. Black or White / One or The Other. if it were that simplistic, melanistic folk could finally stop talking about race. when a person upholds racism, it's not their bones talking. it's an idea that has corrupted their body. it isn't an immutable and personal characteristic, so it shouldn't hurt to challenge it. racism is a spectrum disorder. it is expressed through a cluster of traits and behaviours trig-gered by the same underlying mechanism. this complex condition links other syndromes, like sexism, ableism and

queer antagonism, like disaster capitalism and environ-
mental terrorism. marginalised bodies suffer chronic
comorbidities. when our lives aren't singular, there can't
be one single cure to alleviate symptoms of oppression.
every system is complex in its contradictions and multi-
plicities. we can never address these if we insist everything
is Black or White / One or The Other.

their third mistake:

thinking they can take racism 101 every year while Black
People have to learn on the job.

iii.

put the scalpel down and

ask me about the bloodsongs of The Diaspora, how they fill my veins with whispered names of the dead / ask me the colour of the death soaked thread that connects the cultural, economic and legal traditions of a rusting empire desperate to stay relevant / ask me why the heart of every fight for freedom beats the same rhythm, and how our song is stronger when we sing together / ask me about the equalising social process of being blackened that makes us Black full stop, and erases our Black *and* / ask me about people who are Black and trans, Black and disabled, Black and doing sex work, Black and Muslim, Black and without recourse to public funds / ask me how it feels to talk about racism on television when nigel farage was given a disproportionate amount of air time for years, then ask me if journalists have a duty of care / ask me who was killed by scottish police on a sunlit street in 2015 / put the scalpel down and i will read freely from my skin

iv.

anthony walker should have been eating cake today. i wish i didn't know his name. i wish you didn't ask the same questions you were asking back then.

on statues

some things age like milk.
tweets trumpeted from an orange gas bag,
January 2020's 'best year ever' plans,

but racist ideology double dipped in bronze,
is timeless. that shit is built to last.

unless

you arrive at a generation, tired of fighting
the same war their grandparents fought.
when an object you thought
was immovable is met with an
unstoppable force, does it feel
like you're sinking?

will it ever sink in,

if,

'there ain't no Black in the union jack'

when The Empire strikes,

The People will strike back.

on violence

'tread softly, because you tread on my fragility'

> this is how they ask her
> to march quietly

it's hard to always come in peace when she
always comes in pieces,

dismantled by the brutality of strangers
and guided by blood

> 'is this what dr king was dreaming of?'

> this is how they shame and
> invalidate her rage

she doesn't know what king would say
because they silenced him with

lead as he preached, armed only
with peace, in a suit and tie

which is why respectability
doesn't guarantee safety

no matter how softly she treads, her
     skin will be read as

threat

the word *violence* is a battered suitcase,
stuffed full of Blackness and fit to burst

historically, the Black Body has been
forced into the narrowest of words

and rearranged to spell
a different truth

they will make an anagram out of you,
but punish anyone who unscrambles

violence to find *voice*

on gratitude

when i see the granite streets
that skinned the brown knees
of my childhood, exploding
with posters and slogans –

something behind my ribcage
starts to unstick. for years my
chest has been thick with
every 'where are you really from?'

that has clung to my heart
and stung every part of me.
friendly smiles that shine
with the kindest of knives

make the deepest cuts.

the city that birthed me has
also cursed me under its breath,
but when george stopped breathing,
these streets breathed for him.

i breathed a sigh of relief.
unaware, i was even holding it in.
this gratitude is blood-tinged,
obscured by the shadows
of guilt and grief.

sometimes, i feel like a thief
pick pocketing the death of a stranger.
but research suggests, being grateful
improves mental health.

when a Black man is choked to death
by racism, i don't want to be grateful for
anything. i don't want to be grateful,
i want to be equal.

the revolution will be televised will be televised
will be televised

the revolution will be televised **the revolution will
be streamed live** by melanated millennials serving
hashtagblackgirlmagic **the revolution is one click away**
the revolution won't believe you when you say *you didn't
know* **the revolution sees you every time you scroll** past
fibreoptic freedom calls + hi-res redemption songs **the
revolution will make your timeline bleed** the revolution
will burn up your news feed **so you can't escape the
blood + heat from the street** the revolution would like
to remind you **when our house is on fire you can't just
walk by any more** the revolution won't be long **'cause it's
already here** the revolution will be long **'cause it is never
ending** constantly rebuilding with each new generation +
although our phones are getting newer / faster / smarter
our revolutionary fire is **much much older** + it has slowly
burned from ancestor to ancestor **those who bestowed**
genetically encode**d gifts** of hearts in flames + **hands in
fists**

the revolution is a blacktranswoman **the
revolution is an undocumented african** the revolution is
a youngblackman **with autism** facing deportation **the rev-
olution is box braids, locs + bantu knots** it is a 'yes bitch
this is my real hair'/ 'no bitch you can't touch' **afropuff**
the revolution is cassava / condomble / kunta kinte **kissing
his teeth** when you have the caucasity to call him **by any**

other name the revolution knows where it came from **it knows to get to where it's going** the revolution must be **wheelchair accessible / available in braille / with closed captions** + bsl interpretation **it must be digitised** so every mobile device **is weaponised** + those confined to a bed **are still armed in the struggle** the revolution doesn't leave anyone behind **it doesn't mind** if you can't take to the street **just sign** + **retweet** this petition

                        the revolution is the white man's burden to bear as long as i wear this skin **i can't tune out so you have to tune in** hit like / click subscribe / **follow the revolution**

Postscript

in june 2020, bookshop shelves haemorrhaged anti-racist bibles. renni eddo-lodge became the first Black British author to ever top the uk book charts. 180 days later, a Black man was killed by police in south wales. his name was mohamud mohammed hassan, he was 24 years old.

CODA

a
howling
river of child
less mothers sing
their chorus – please,
don't forget about us,
don't forget

us

.

A note on the poems

'gay jesus' was first published in *Re·creation: A Queer Poetry Anthology,* Stewed Rhubarb (2022).

'Jean Craig, 1784' and 'Catherine Humphrey, 1830' were part of the exhibition, *Symphony in Grey,* commissioned by Aberdeen Performing Arts in 2023.

'The Bloudin o the Bride' was first performed at The Scottish Storytelling Centre in 2023. It was part of an adaptation of *The Seven Sages of Rome,* the 15th century collection of moral tales. This storytelling project, *The Seven Sages of Scotland,* was organised by St Andrew's University.

The poems in 'Black Notes' were commissioned by the National Library of Scotland (under the title 'black lives, heavy truths') as part of their Fresh Ink initiative in 2021.

Acknowledgements

A very special thank you to Aberdeen's creative community. It is a privilege to have met such wonderful artists who continue to be a source of inspiration and support.

To Moniack Mhor and The Doric Board, whose funding supported this work and helped make this book a reality.

To Jo Gilbert and Shane Strachan, whose sublime scrievins made me think writing in Scots could actually be fun. Thank you for your generous feedback and advice. There is no way I would have made it over the finish line without a wee nudge from the both of you.

To Duncan Lockerbie at Tapsalteerie, for turning up in my inbox unexpectedly and asking if I'd like to publish a collection with him. Thank you for seeing the potential in my poems and your dedication to building a home for them.

To my friends and family, who endure my nonsense with love and kindness.

To my little dog Rue, who keeps me grounded by showing no interest in my work whatsoever.

To Hanna Louise, forever my fave. Finding enough words to fill an entire book of poems is easier than articulating how much your love and support means. Thank you.

T

www.tapsalteerie.co.uk

Tapsalteerie is an award-winning poetry publishing house based in rural Aberdeenshire. We produce an eclectic range of publications with a focus on new poets, translation, collaborations and innovative writing.